TRANZLATY

Sprache ist für alle da

El idioma es para todos

Die Schöne und das Biest

La Bella y la Bestia

Gabrielle-Suzanne Barbot de Villeneuve

Deutsch / Español

Copyright © 2025 Tranzlaty
All rights reserved
Published by Tranzlaty
ISBN: 978-1-80572-029-4
Original text by Gabrielle-Suzanne Barbot de Villeneuve
La Belle et la Bête
First published in French in 1740
Taken from The Blue Fairy Book (Andrew Lang)
Illustration by Walter Crane
www.tranzlaty.com

Es war einmal ein reicher Kaufmann
Érase una vez un rico comerciante
dieser reiche Kaufmann hatte sechs Kinder
Este rico comerciante tuvo seis hijos
Er hatte drei Söhne und drei Töchter
Tuvo tres hijos y tres hijas
Er hat keine Kosten für ihre Ausbildung gescheut
No escatimó en gastos para su educación
weil er ein vernünftiger Mann war
porque era un hombre sensato
aber er gab seinen Kindern viele Diener
pero dio a sus hijos muchos siervos
seine Töchter waren überaus hübsch
Sus hijas eran extremadamente bonitas
und seine jüngste Tochter war besonders hübsch
Y su hija menor era especialmente bonita
Schon als Kind wurde ihre Schönheit bewundert
de niña su belleza ya era admirada
und die Leute nannten sie nach ihrer Schönheit
y la gente la llamaba por su Belleza
Ihre Schönheit verblasste nicht, als sie älter wurde
su belleza no se desvaneció a medida que envejecía
Deshalb nannten die Leute sie weiterhin wegen ihrer Schönheit
así que la gente la seguía llamando por su Belleza
das machte ihre Schwestern sehr eifersüchtig
Esto hizo que sus hermanas se pusieran muy celosas
Die beiden ältesten Töchter waren sehr stolz
Las dos hijas mayores tenían mucho orgullo
Ihr Reichtum war die Quelle ihres Stolzes
Su riqueza era la fuente de su orgullo
und sie verbargen ihren Stolz nicht
Y tampoco ocultaron su orgullo
Sie besuchten nicht die Töchter anderer Kaufleute
No visitaron a las hijas de otros comerciantes
weil sie nur mit Aristokraten zusammentreffen

porque solo se encuentran con la aristocracia
Sie gingen jeden Tag zu Partys
Salían todos los días a fiestas
Bälle, Theaterstücke, Konzerte usw.
bailes, obras de teatro, conciertos, etc
und sie lachten über ihre jüngste Schwester
y se rieron de su hermana menor
weil sie die meiste Zeit mit Lesen verbrachte
porque pasaba la mayor parte de su tiempo leyendo
Es war allgemein bekannt, dass sie reich waren
Era bien sabido que eran ricos
so hielten mehrere bedeutende Kaufleute um ihre Hand an
Así que varios comerciantes eminentes pidieron su mano
aber sie sagten, sie würden nicht heiraten
Pero ellos dijeron que no se iban a casar
aber sie waren bereit, einige Ausnahmen zu machen
Pero estaban dispuestos a hacer algunas excepciones
„Vielleicht könnte ich einen Herzog heiraten"
"tal vez podría casarme con un duque"
„Ich schätze, ich könnte einen Grafen heiraten"
"Supongo que podría casarme con un conde"
Schönheit dankte sehr höflich denen, die ihr einen Antrag gemacht hatten
La Bella agradeció muy cortésmente a los que le propusieron matrimonio
Sie sagte ihnen, sie sei noch zu jung zum Heiraten
Les dijo que todavía era demasiado joven para casarse
Sie wollte noch ein paar Jahre bei ihrem Vater bleiben
Quería quedarse unos años más con su padre
Auf einmal verlor der Kaufmann sein Vermögen
De repente, el comerciante perdió su fortuna
er verlor alles außer einem kleinen Landhaus
Lo perdió todo, excepto una pequeña casa de campo
und er sagte seinen Kindern mit Tränen in den Augen:
Y dijo a sus hijos con lágrimas en los ojos:
„Wir müssen aufs Land gehen"

"Hay que ir al campo"
„und wir müssen für unseren Lebensunterhalt arbeiten"
"Y debemos trabajar para ganarnos la vida"
die beiden ältesten Töchter wollten die Stadt nicht verlassen
Las dos hijas mayores no querían irse de la ciudad
Sie hatten mehrere Liebhaber in der Stadt
Tuvieron varios amantes en la ciudad
und sie waren sicher, dass einer ihrer Liebhaber sie heiraten würde
y estaban seguros de que uno de sus amantes se casaría con ellos
Sie dachten, ihre Liebhaber würden sie heiraten, auch wenn sie kein Vermögen hätten
Pensaban que sus amantes se casarían con ellos incluso sin fortuna
aber die guten Damen haben sich geirrt
Pero las buenas damas se equivocaron
Ihre Liebhaber verließen sie sehr schnell
Sus amantes los abandonaron muy rápidamente
weil sie kein Vermögen mehr hatten
porque ya no tenían fortunas
das zeigte, dass sie nicht wirklich beliebt waren
Esto demostró que en realidad no eran muy queridos
alle sagten, sie verdienen kein Mitleid
Todos dijeron que no merecían ser compadecidos
„Wir sind froh, dass ihr Stolz gedemütigt wurde"
"Nos alegra ver su orgullo humillado"
„Lasst sie stolz darauf sein, Kühe zu melken"
"Que se enorgullezcan de ordeñar vacas"
aber sie waren um Schönheit besorgt
pero se preocupaban por la Belleza
sie war so ein süßes Geschöpf
Era una criatura tan dulce
Sie sprach so freundlich zu armen Leuten
Hablaba tan amablemente a la gente pobre
und sie war von solch unschuldiger Natur

Y ella era de una naturaleza tan inocente
Mehrere Herren hätten sie geheiratet
Varios caballeros se habrían casado con ella
Sie hätten sie geheiratet, obwohl sie arm war
Se habrían casado con ella a pesar de que era pobre
aber sie sagte ihnen, sie könne sie nicht heiraten
Pero ella les dijo que no podía casarse con ellos
weil sie ihren Vater nicht verlassen wollte
porque no dejaría a su padre
sie war entschlossen, mit ihm aufs Land zu fahren
Estaba decidida a ir con él al campo
damit sie ihn trösten und ihm helfen konnte
para que ella pudiera consolarlo y ayudarlo
Die arme Schönheit war zunächst sehr betrübt
La pobre Bella estaba muy afligida al principio
sie war betrübt über den Verlust ihres Vermögens
Estaba afligida por la pérdida de su fortuna
„Aber Weinen wird mein Schicksal nicht ändern"
"Pero llorar no cambiará mi suerte"
„Ich muss versuchen, ohne Reichtum glücklich zu sein"
"Debo tratar de hacerme feliz sin riquezas"
Sie kamen zu ihrem Landhaus
Llegaron a su casa de campo
und der Kaufmann und seine drei Söhne widmeten sich der Landwirtschaft
y el comerciante y sus tres hijos se dedicaron a la agricultura
Schönheit stand um vier Uhr morgens auf
La belleza se levantaba a las cuatro de la madrugada
und sie beeilte sich, das Haus zu putzen
Y se apresuró a limpiar la casa
und sie sorgte dafür, dass das Abendessen fertig war
y se aseguró de que la cena estuviera lista
ihr neues Leben fiel ihr zunächst sehr schwer
Al principio le resultó muy difícil su nueva vida
weil sie diese Arbeit nicht gewohnt war
porque no estaba acostumbrada a ese trabajo

aber in weniger als zwei Monaten wurde sie stärker
Pero en menos de dos meses se hizo más fuerte
und sie war gesünder als je zuvor
Y estaba más sana que nunca
nachdem sie ihre arbeit erledigt hatte, las sie
Después de haber terminado su trabajo, leyó
sie spielte Cembalo
Tocaba el clavicémbalo
oder sie sang, während sie Seide spann
o cantaba mientras hilaba seda
im Gegenteil, ihre beiden Schwestern wussten nicht, wie sie ihre Zeit verbringen sollten
Por el contrario, sus dos hermanas no sabían cómo pasar el tiempo
Sie standen um zehn auf und taten den ganzen Tag nichts anderes als herumzufaulenzen
Se levantaban a las diez y no hacían otra cosa que holgazanear todo el día
Sie beklagten den Verlust ihrer schönen Kleider
Lamentaron la pérdida de sus finas ropas
und sie beklagten sich über den Verlust ihrer Bekannten
y se quejaban de haber perdido a sus conocidos
„Schau dir unsere jüngste Schwester an", sagten sie zueinander
"Echa un vistazo a nuestra hermana menor", se dijeron entre sí
„Was für ein armes und dummes Geschöpf sie ist"
"Qué pobre y estúpida criatura es"
„Es ist gemein, mit so wenig zufrieden zu sein"
"Es mezquino contentarse con tan poco"
der freundliche Kaufmann war ganz anderer Meinung
El amable comerciante era de una opinión muy diferente
er wusste sehr wohl, dass Schönheit ihre Schwestern übertraf
sabía muy bien que la Bella eclipsaba a sus hermanas
Sie übertraf sie sowohl charakterlich als auch geistig
Ella los eclipsó tanto en carácter como en mente

er bewunderte ihre Bescheidenheit und ihre harte Arbeit
Admiraba su humildad y su arduo trabajo
aber am meisten bewunderte er ihre Geduld
pero, sobre todo, admiraba su paciencia
Ihre Schwestern überließen ihr die ganze Arbeit
Sus hermanas le dejaron todo el trabajo por hacer
und sie beleidigten sie ständig
y la insultaban a cada momento
Die Familie hatte etwa ein Jahr lang so gelebt
La familia había vivido así durante aproximadamente un año
dann bekam der Kaufmann einen Brief von einem Buchhalter
Entonces el comerciante recibió una carta de un contador
er hatte in ein Schiff investiert
Tenía una inversión en un barco
und das Schiff war sicher angekommen
y el barco había llegado sano y salvo
diese Nachricht ließ die beiden ältesten Töchter staunen
Esta noticia hizo girar la cabeza de las dos hijas mayores
Sie hatten sofort die Hoffnung, in die Stadt zurückzukehren
Inmediatamente tuvieron esperanzas de regresar a la ciudad
weil sie des Landlebens überdrüssig waren
porque estaban bastante cansados de la vida en el campo
Sie gingen zu ihrem Vater, als er ging
Fueron a ver a su padre cuando se iba
Sie baten ihn, ihnen neue Kleider zu kaufen
Le rogaron que les comprara ropa nueva
Kleider, Bänder und allerlei Kleinigkeiten
vestidos, cintas y todo tipo de cositas
aber die Schönheit verlangte nichts
pero la Bella no pidió nada
weil sie dachte, das Geld würde nicht reichen
porque pensó que el dinero no iba a ser suficiente
es würde nicht reichen, um alles zu kaufen, was ihre Schwestern wollten
No habría suficiente para comprar todo lo que sus hermanas

querían
„Was möchtest du, Schönheit?", fragte ihr Vater
—¿Qué quieres, Bella? —preguntó su padre
"Danke, Vater, dass du so nett bist, an mich zu denken", sagte sie
—Gracias, padre, por la bondad de pensar en mí —dijo ella—
„Vater, sei so freundlich und bring mir eine Rose mit"
"Padre, ten la amabilidad de traerme una rosa"
„weil hier im Garten keine Rosen wachsen"
"Porque aquí en el jardín no crecen rosas"
„und Rosen sind eine Art Rarität"
"Y las rosas son una especie de rareza"
Schönheit mochte Rosen nicht wirklich
A la belleza no le importaban las rosas
sie bat nur um etwas, um ihre Schwestern nicht zu verurteilen
Solo pedía algo, no condenar a sus hermanas
aber ihre Schwestern dachten, sie hätte aus anderen Gründen nach Rosen gefragt
Pero sus hermanas pensaron que ella pedía rosas por otras razones
„Sie hat es nur getan, um besonders auszusehen"
"Lo hizo solo para parecer particular"
Der freundliche Mann machte sich auf die Reise
El amable hombre siguió su viaje
aber als er ankam, stritten sie über die Ware
Pero cuando llegó, discutieron sobre la mercancía
und nach viel Ärger kam er genauso arm zurück wie zuvor
Y después de muchos trabajos, volvió tan pobre como antes
er war nur ein paar Stunden von seinem eigenen Haus entfernt
Estaba a un par de horas de su propia casa
und er stellte sich schon die Freude vor, seine Kinder zu sehen
Y ya se imaginaba la alegría de ver a sus hijos
aber als er durch den Wald ging, verirrte er sich

pero al atravesar el bosque se perdió
es hat furchtbar geregnet und geschneit
Llovió y nevó terriblemente
der Wind war so stark, dass er ihn vom Pferd warf
El viento era tan fuerte que lo tiró del caballo
und die Nacht kam schnell
y la noche llegaba rápidamente
er begann zu glauben, er müsse verhungern
Empezó a pensar que podía morir de hambre
und er dachte, er könnte erfrieren
Y pensó que iba a morir congelado
und er dachte, Wölfe könnten ihn fressen
y pensó que los lobos se lo comieran
die Wölfe, die er um sich herum heulen hörte
los lobos que oyó aullar a su alrededor
aber plötzlich sah er ein Licht
Pero de repente vio una luz
er sah das Licht in der Ferne durch die Bäume
Vio la luz a lo lejos a través de los árboles
als er näher kam, sah er, dass das Licht ein Palast war
Cuando se acercó vio que la luz era un palacio
der Palast war von oben bis unten beleuchtet
El palacio estaba iluminado de arriba a abajo
Der Kaufmann dankte Gott für sein Glück
el mercader dio gracias a Dios por su suerte
und er eilte zum Palast
Y corrió al palacio
aber er war überrascht, keine Leute im Palast zu sehen
Pero se sorprendió al no ver a nadie en el palacio
der Hof war völlig leer
El patio de la corte estaba completamente vacío
und nirgendwo ein Lebenszeichen
y no había señales de vida por ninguna parte
sein Pferd folgte ihm in den Palast
Su caballo lo siguió hasta el palacio
und dann fand sein Pferd großen Stall

Y entonces su caballo encontró un gran establo
das arme Tier war fast verhungert
El pobre animal estaba casi hambriento
also ging sein Pferd hinein, um Heu und Hafer zu finden
Así que su caballo fue a buscar heno y avena
zum Glück fand er reichlich zu essen
Afortunadamente encontró suficiente para comer
und der Kaufmann band sein Pferd an die Krippe
Y el mercader ató su caballo al pesebre
Als er zum Haus ging, sah er niemanden
Caminando hacia la casa no vio a nadie
aber in einer großen Halle fand er ein gutes Feuer
pero en una gran sala encontró un buen fuego
und er fand einen Tisch für eine Person gedeckt
Y encontró una mesa puesta para uno
er war nass vom Regen und Schnee
Estaba mojado por la lluvia y la nieve
Also ging er zum Feuer, um sich abzutrocknen
Así que se acercó al fuego para secarse
„Ich hoffe, der Hausherr entschuldigt mich"
"Espero que el dueño de la casa me disculpe"
„Ich schätze, es wird nicht lange dauern, bis jemand auftaucht."
"Supongo que no tardará mucho en aparecer alguien"
Er wartete eine beträchtliche Zeit
Esperó un tiempo considerable
er wartete, bis es elf schlug, und noch immer kam niemand
Esperó a que dieran las once, y todavía no llegaba nadie
Schließlich war er so hungrig, dass er nicht länger warten konnte
Al final estaba tan hambriento que no pudo esperar más
er nahm ein Hühnchen und aß es in zwei Bissen
Tomó un poco de pollo y se lo comió a dos bocados
er zitterte beim Essen
Estaba temblando mientras comía la comida
danach trank er ein paar Gläser Wein

Después de esto, bebió unas copas de vino
Er wurde mutiger und verließ den Saal
Cada vez más valiente, salió de la sala
und er durchquerte mehrere große Hallen
Y atravesó varios grandes salones
Er ging durch den Palast, bis er in eine Kammer kam
Caminó por el palacio hasta que entró en una cámara
eine Kammer, in der sich ein überaus gutes Bett befand
una habitación que tenía un lecho muy bueno
er war von der Tortur sehr erschöpft
Estaba muy fatigado por su terrible experiencia
und es war schon nach Mitternacht
Y ya era pasada la medianoche
also beschloss er, dass es das Beste sei, die Tür zu schließen
Así que decidió que lo mejor era cerrar la puerta
und er beschloss, dass er zu Bett gehen sollte
Y llegó a la conclusión de que debía irse a la cama
Es war zehn Uhr morgens, als der Kaufmann aufwachte
Eran las diez de la mañana cuando el comerciante se despertó
gerade als er aufstehen wollte, sah er etwas
Justo cuando iba a levantarse, vio algo
er war erstaunt, saubere Kleidung zu sehen
Se asombró al ver un conjunto de ropa limpia
an der Stelle, wo er seine schmutzigen Kleider zurückgelassen hatte
en el lugar donde había dejado sus ropas sucias
"Mit Sicherheit gehört dieser Palast einer netten Fee"
"Ciertamente, este palacio pertenece a alguna hada amable"
„eine Fee, die mich gesehen und bemitleidet hat"
"Un hada que me ha visto y se ha compadecido de mí"
er sah durch ein Fenster
Miró a través de una ventana
aber statt Schnee sah er den herrlichsten Garten
pero en lugar de nieve vio el jardín más delicioso
und im Garten waren die schönsten Rosen
y en el jardín estaban las rosas más hermosas

dann kehrte er in die große Halle zurück
Luego regresó al Gran Salón
der Saal, in dem er am Abend zuvor Suppe gegessen hatte
el salón donde había tomado sopa la noche anterior
und er fand etwas Schokolade auf einem kleinen Tisch
Y encontró un poco de chocolate en una mesita
„Danke, liebe Frau Fee", sagte er laut
—Gracias, buena señora Hada —dijo en voz alta—
„Danke für Ihre Fürsorge"
"Gracias por ser tan cariñoso"
„Ich bin Ihnen für all Ihre Gefälligkeiten äußerst dankbar"
"Le estoy muy agradecido por todos sus favores"
Der freundliche Mann trank seine Schokolade
El hombre amable bebió su chocolate
und dann ging er sein Pferd suchen
Y luego fue a buscar su caballo
aber im Garten erinnerte er sich an die Bitte der Schönheit
pero en el jardín recordó la petición de la Bella
und er schnitt einen Rosenzweig ab
y cortó una rama de rosas
sofort hörte er ein lautes Geräusch
Inmediatamente oyó un gran ruido
und er sah ein furchtbar furchtbares Tier
y vio una Bestia terriblemente espantosa
er war so erschrocken, dass er kurz davor war, ohnmächtig zu werden
Estaba tan asustado que estuvo a punto de desmayarse
„Du bist sehr undankbar", sagte das Tier zu ihm
—Eres muy ingrato —le dijo la Bestia—
und das Tier sprach mit schrecklicher Stimme
y la Bestia habló con voz terrible
„Ich habe dein Leben gerettet, indem ich dich in mein Schloss gelassen habe"
"Te he salvado la vida permitiéndote entrar en mi castillo"
"und dafür stiehlst du mir im Gegenzug meine Rosen?"
—¿Y por esto me robas mis rosas a cambio?

„Die Rosen sind für mich mehr wert als alles andere"
"Las rosas que valoro por encima de todo"
„Aber du wirst für das, was du getan hast, sterben"
"Pero morirás por lo que has hecho"
„Ich gebe Ihnen nur eine Viertelstunde, um sich vorzubereiten"
"No te doy más que un cuarto de hora para que te prepares"
„Bereiten Sie sich auf den Tod vor und sprechen Sie Ihre Gebete"
"Prepárense para la muerte y recen sus oraciones"
der Kaufmann fiel auf die Knie
El mercader cayó de rodillas
und er hob beide Hände
Y alzó las dos manos
„Mein Herr, ich flehe Sie an, mir zu vergeben"
"Mi señor, os ruego que me perdonéis"
„Ich hatte nicht die Absicht, Sie zu beleidigen"
"No tenía intención de ofenderte"
„Ich habe für eine meiner Töchter eine Rose gepflückt"
"Recogí una rosa para una de mis hijas"
„Sie bat mich, ihr eine Rose mitzubringen"
"Me pidió que le trajera una rosa"
„Ich bin nicht euer Herr, sondern ein Tier", antwortete das Monster
"No soy tu señor, pero soy una bestia", respondió el monstruo
„Ich mag keine Komplimente"
"No me gustan los cumplidos"
„Ich mag Menschen, die so sprechen, wie sie denken"
"Me gusta la gente que habla como piensa"
„glauben Sie nicht, dass ich durch Schmeicheleien bewegt werden kann"
"No te imagines que puedo ser movido por la adulación"
„Aber Sie sagen, Sie haben Töchter"
"Pero tú dices que tienes hijas"
„Ich werde dir unter einer Bedingung vergeben"
"Te perdonaré con una condición"

„Eine deiner Töchter muss freiwillig in meinen Palast kommen"
"Una de tus hijas debe venir a mi palacio de buena gana"
„und sie muss für dich leiden"
"Y ella tiene que sufrir por ti"
„Gib mir Dein Wort"
"Déjame tu palabra"
„Und dann können Sie Ihren Geschäften nachgehen"
"Y luego puedes seguir con tus asuntos"
„Versprich mir das:"
"Prométeme esto:"
„Wenn Ihre Tochter sich weigert, für Sie zu sterben, müssen Sie innerhalb von drei Monaten zurückkehren"
"Si tu hija se niega a morir por ti, debes regresar dentro de tres meses"
der Kaufmann hatte nicht die Absicht, seine Töchter zu opfern
El mercader no tenía intenciones de sacrificar a sus hijas
aber da ihm Zeit gegeben wurde, wollte er seine Töchter noch einmal sehen
Pero, como le habían dado tiempo, quería volver a ver a sus hijas
also versprach er, dass er zurückkehren würde
Así que prometió que volvería
und das Tier sagte ihm, er könne aufbrechen, wann er wolle
y la Bestia le dijo que se pusiera en camino cuando quisiera
und das Tier erzählte ihm noch etwas
y la Bestia le dijo una cosa más
„Du sollst nicht mit leeren Händen gehen"
"No te irás con las manos vacías"
„Geh zurück in das Zimmer, in dem du lagst"
"Vuelve a la habitación donde yacías"
„Sie werden eine große leere Schatzkiste sehen"
"Verás un gran cofre del tesoro vacío"
„Fülle die Schatzkiste mit allem, was Dir am besten gefällt"
"Llena el cofre del tesoro con lo que más te guste"

„**und ich werde die Schatzkiste zu Dir nach Hause schicken**"
"y enviaré el cofre del tesoro a tu casa"
und gleichzeitig zog sich das Tier zurück
y al mismo tiempo la Bestia se retiró
„**Nun**", **sagte sich der gute Mann**
-Bueno -se dijo el buen hombre-
„**Wenn ich sterben muss, werde ich meinen Kindern wenigstens etwas hinterlassen**"
"si tengo que morir, al menos dejaré algo a mis hijos"
so kehrte er ins Schlafzimmer zurück
Así que volvió a la alcoba
und er fand sehr viele Goldstücke
Y halló muchas piezas de oro
er füllte die Schatzkiste, die das Tier erwähnt hatte
llenó el cofre del tesoro que la Bestia había mencionado
und er holte sein Pferd aus dem Stall
Y sacó su caballo del establo
die Freude, die er beim Betreten des Palastes empfand, war nun genauso groß wie die Trauer, die er beim Verlassen des Palastes empfand
La alegría que sintió al entrar en el palacio ahora era igual al dolor que sintió al salir de él
Das Pferd nahm einen der Wege im Wald
El caballo tomó uno de los caminos del bosque
und in wenigen Stunden war der gute Mann zu Hause
Y a las pocas horas el buen hombre estaba en casa
seine Kinder kamen zu ihm
Sus hijos acudieron a él
aber anstatt ihre Umarmungen mit Freude entgegenzunehmen, sah er sie an
pero en lugar de recibir sus abrazos con placer, los miró
er hielt den Ast hoch, den er in den Händen hielt
Levantó la rama que tenía en las manos
und dann brach er in Tränen aus
Y luego rompió a llorar
„**Schönheit**", **sagte er,** „**nimm bitte diese Rosen**"

"Belleza", dijo, "por favor, toma estas rosas"
„Sie können nicht wissen, wie teuer diese Rosen waren"
"No se puede saber lo caras que han sido estas rosas"
„Diese Rosen haben deinen Vater das Leben gekostet"
"Estas rosas le han costado la vida a tu padre"
und dann erzählte er von seinem tödlichen Abenteuer
Y luego contó su fatal aventura
Sofort schrien die beiden ältesten Schwestern
Inmediatamente las dos hermanas mayores gritaron
und sie sagten viele gemeine Dinge zu ihrer schönen Schwester
Y le dijeron muchas cosas malas a su hermosa hermana
aber die Schönheit weinte überhaupt nicht
pero la Bella no lloró en absoluto
„Seht euch den Stolz dieses kleinen Schurken an", sagten sie
-¡Mira la soberbia de ese desgraciado! -dijeron-
„Sie hat nicht nach schönen Kleidern gefragt"
"Ella no pidió ropa fina"
„Sie hätte tun sollen, was wir getan haben"
"Ella debería haber hecho lo que nosotros hicimos"
„Sie wollte sich hervortun"
"Quería distinguirse"
„so wird sie nun den Tod unseres Vaters bedeuten"
"Así que ahora será la muerte de nuestro padre"
„und doch vergießt sie keine Träne"
"Y, sin embargo, no derrama una lágrima"
"Warum sollte ich weinen?", antwortete die Schönheit
-¿Por qué he de llorar? -respondió la Bella-
„Weinen wäre völlig unnötig"
"Llorar sería muy innecesario"
„Mein Vater wird nicht für mich leiden"
"Mi Padre no sufrirá por mí"
„Das Monster wird eine seiner Töchter akzeptieren"
"El monstruo aceptará a una de sus hijas"
„Ich werde mich seiner ganzen Wut aussetzen"

"Me ofreceré a toda su furia"
„Ich bin sehr glücklich, denn mein Tod wird das Leben meines Vaters retten"
"Estoy muy contento, porque mi muerte salvará la vida de mi padre"
„Mein Tod wird ein Beweis meiner Liebe sein"
"Mi muerte será una prueba de mi amor"
„Nein, Schwester", sagten ihre drei Brüder
—No, hermana —dijeron sus tres hermanos—
„das darf nicht sein"
"Eso no será"
„Wir werden das Monster finden"
"Iremos a buscar al monstruo"
"und entweder wir werden ihn töten..."
"Y o lo matamos..."
„... oder wir werden bei dem Versuch umkommen"
"... o pereceremos en el intento"
„Stellt euch nichts dergleichen vor, meine Söhne", sagte der Kaufmann
-No os imaginéis tal cosa, hijos míos -dijo el mercader-
„Die Kraft des Biests ist so groß, dass ich keine Hoffnung habe, dass Ihr es besiegen könntet."
"El poder de la Bestia es tan grande que no tengo esperanzas de que puedas vencerlo"
„Ich bin entzückt von dem freundlichen und großzügigen Angebot der Schönheit"
"Estoy encantado con la amable y generosa oferta de Beauty"
„aber ich kann ihre Großzügigkeit nicht annehmen"
"pero no puedo aceptar su generosidad"
„Ich bin alt und habe nicht mehr lange zu leben"
"Soy viejo y no me queda mucho tiempo de vida"
„also kann ich nur ein paar Jahre verlieren"
"así que solo puedo perder unos pocos años"
„Zeit, die ich für euch bereue, meine lieben Kinder"
"tiempo que lamento por vosotros, mis queridos hijos"
„Aber Vater", sagte die Schönheit

—Pero padre —dijo Bella—
„Du sollst nicht ohne mich in den Palast gehen"
"No irás al palacio sin mí"
„Du kannst mich nicht davon abhalten, dir zu folgen"
"No puedes impedir que te siga"
nichts könnte Schönheit vom Gegenteil überzeugen
nada podía convencer a la Bella de lo contrario
Sie bestand darauf, in den schönen Palast zu gehen
Insistió en ir al hermoso palacio
und ihre Schwestern waren erfreut über ihre Beharrlichkeit
y sus hermanas estaban encantadas con su insistencia
Der Kaufmann war besorgt bei dem Gedanken, seine Tochter zu verlieren
El comerciante estaba preocupado ante la idea de perder a su hija
er war so besorgt, dass er die Truhe voller Gold vergessen hatte
Estaba tan preocupado que se había olvidado del cofre lleno de oro
Abends begab er sich zur Ruhe und schloss die Tür seines Zimmers.
Por la noche se retiraba a descansar y cerraba la puerta de su habitación
Dann fand er zu seinem großen Erstaunen den Schatz neben seinem Bett.
Entonces, para su gran asombro, encontró el tesoro junto a su cama
er war entschlossen, es seinen Kindern nicht zu erzählen
Estaba decidido a no decírselo a sus hijos
Wenn sie es gewusst hätten, wären sie in die Stadt zurückgekehrt
Si lo hubieran sabido, habrían querido volver a la ciudad
und er war entschlossen, das Land nicht zu verlassen
y estaba resuelto a no abandonar el campo
aber er vertraute der Schönheit das Geheimnis
pero le confió a la Bella el secreto

Sie teilte ihm mit, dass zwei Herren gekommen seien
Ella le informó de que habían llegado dos caballeros
und sie machten ihren Schwestern einen Heiratsantrag
Y le hicieron propuestas a sus hermanas
Sie bat ihren Vater, ihrer Heirat zuzustimmen
Le rogó a su padre que consintiera en su matrimonio
und sie bat ihn, ihnen etwas von seinem Vermögen zu geben
Y ella le pidió que les diera algo de su fortuna
sie hatte ihnen bereits vergeben
Ella ya los había perdonado
Die bösen Kreaturen rieben ihre Augen mit Zwiebeln
Las malvadas criaturas se frotaban los ojos con cebollas
um beim Abschied von der Schwester ein paar Tränen zu vergießen
para forzar algunas lágrimas cuando se separaron de su hermana
aber ihre Brüder waren wirklich besorgt
Pero sus hermanos estaban realmente preocupados
Schönheit war die einzige, die keine Tränen vergoss
La belleza fue la única que no derramó lágrimas
sie wollte ihr Unbehagen nicht vergrößern
No quería aumentar su inquietud
Das Pferd nahm den direkten Weg zum Palast
El caballo tomó el camino directo al palacio
und gegen Abend sahen sie den erleuchteten Palast
y hacia el atardecer vieron el palacio iluminado
das Pferd begab sich wieder in den Stall
El caballo se metió de nuevo en el establo
und der gute Mann und seine Tochter gingen in die große Halle
Y el buen hombre y su hija entraron en el gran salón
hier fanden sie einen herrlich gedeckten Tisch
Allí encontraron una mesa espléndidamente servida
der Kaufmann hatte keinen Appetit zu essen
El mercader no tenía ganas de comer

aber die Schönheit bemühte sich, fröhlich zu erscheinen
pero la Bella se esforzaba por parecer alegre
sie setzte sich an den Tisch und half ihrem Vater
Se sentó a la mesa y ayudó a su padre
aber sie dachte auch bei sich:
Pero también pensó para sí misma:
„Das Biest will mich sicher mästen, bevor es mich frisst"
"Bestia seguramente quiere engordarme antes de comerme"
„deshalb sorgt er für so viel Unterhaltung"
"Es por eso que ofrece un entretenimiento tan abundante"
Nachdem sie gegessen hatten, hörten sie ein großes Geräusch
Después de haber comido, oyeron un gran ruido
und der Kaufmann verabschiedete sich mit Tränen in den Augen von seinem unglücklichen Kind
Y el mercader se despidió de su desdichado hijo, con lágrimas en los ojos
weil er wusste, dass das Biest kommen würde
porque sabía que la Bestia venía
Die Schönheit war entsetzt über seine schreckliche Gestalt
La Bella estaba aterrorizada por su horrible forma
aber sie nahm ihren Mut zusammen, so gut sie konnte
Pero se armó de valor lo mejor que pudo
und das Monster fragte sie, ob sie freiwillig mitkäme
Y el monstruo le preguntó si venía de buena gana
"ja, ich bin freiwillig gekommen", sagte sie zitternd
—Sí, he venido de buena gana —dijo ella temblando—
Das Tier antwortete: „Du bist sehr gut"
la Bestia respondió: "Eres muy bueno"
„und ich bin Ihnen zu großem Dank verpflichtet, ehrlicher Mann"
"Y te estoy muy agradecido; hombre honrado"
„Geht morgen früh eure Wege"
"Sigan sus caminos mañana por la mañana"
„aber denk nie daran, wieder hierher zu kommen"
"Pero no pienses en volver aquí otra vez"

„Lebe wohl, Schönheit, lebe wohl, Biest", antwortete er
"Adiós Bella, adiós Bestia", respondió
und sofort zog sich das Monster zurück
Y al instante el monstruo se retiró
"Oh, Tochter", sagte der Kaufmann
-¡Oh, hija! -dijo el mercader-
und er umarmte seine Tochter noch einmal
Y abrazó a su hija una vez más
„**Ich habe fast Todesangst"**
"Estoy casi muerta de miedo"
„**glauben Sie mir, Sie sollten lieber zurückgehen"**
"Créeme, será mejor que vuelvas"
„**Lass mich hier bleiben, statt dir"**
"Déjame quedarme aquí, en lugar de ti"
„**Nein, Vater", sagte die Schönheit entschlossen**
—No, padre —dijo la Bella en tono decidido—
„**Du sollst morgen früh aufbrechen"**
"Zardarás mañana por la mañana"
„**überlasse mich der Obhut und dem Schutz der Vorsehung"**
"Déjame al cuidado y protección de la Providencia"
trotzdem gingen sie zu Bett
A pesar de todo, se fueron a la cama
Sie dachten, sie würden die ganze Nacht kein Auge zutun
Pensaron que no cerrarían los ojos en toda la noche
aber als sie sich hinlegten, schliefen sie ein
pero mientras se acostaban, durmieron
Die Schönheit träumte, eine schöne Dame kam und sagte zu ihr:
La belleza soñó que una hermosa dama se acercó y le dijo:
„**Ich bin zufrieden, Schönheit, mit deinem guten Willen"**
"Estoy contento, Bella, con tu buena voluntad"
„**Diese gute Tat von Ihnen wird nicht unbelohnt bleiben"**
"Esta buena acción tuya no quedará sin recompensa"
Die Schöne erwachte und erzählte ihrem Vater ihren Traum
La Bella despertó y le contó a su padre su sueño
der Traum tröstete ihn ein wenig

El sueño ayudó a consolarlo un poco
aber er konnte nicht anders, als bitterlich zu weinen, als er ging
Pero no pudo evitar llorar amargamente mientras se iba
Sobald er weg war, setzte sich Schönheit in die große Halle und weinte ebenfalls
tan pronto como se fue, Bella se sentó en el gran salón y lloró también
aber sie beschloss, sich keine Sorgen zu machen
pero resolvió no inquietarse
Sie beschloss, in der kurzen Zeit, die ihr noch zu leben blieb, stark zu sein
Decidió ser fuerte por el poco tiempo que le quedaba de vida
weil sie fest davon überzeugt war, dass das Biest sie fressen würde
porque creía firmemente que la Bestia se la comería
Sie dachte jedoch, sie könnte genauso gut den Palast erkunden
Sin embargo, pensó que también podría explorar el palacio
und sie wollte das schöne Schloss besichtigen
Y ella quería ver el hermoso castillo
ein Schloss, das sie bewundern musste
Un castillo que no podía dejar de admirar
Es war ein wunderbar angenehmer Palast
Era un palacio deliciosamente agradable
und sie war äußerst überrascht, als sie eine Tür sah
Y se sorprendió mucho al ver una puerta
und über der Tür stand, dass es ihr Zimmer sei
y sobre la puerta estaba escrito que era su habitación
sie öffnete hastig die Tür
Abrió la puerta apresuradamente
und sie war ganz geblendet von der Pracht des Raumes
Y ella quedó bastante deslumbrada con la magnificencia de la habitación
was ihre Aufmerksamkeit vor allem auf sich zog, war eine große Bibliothek

Lo que más ocupaba su atención era una gran biblioteca
ein Cembalo und mehrere Notenbücher
un clavicémbalo y varios libros de música
„Nun", sagte sie zu sich selbst
—Bueno —se dijo a sí misma—
„Ich sehe, das Biest wird meine Zeit nicht verstreichen lassen"
"Veo que la Bestia no dejará que mi tiempo sea pesado"
dann dachte sie über ihre Situation nach
Luego reflexionó para sí misma sobre su situación
„Wenn ich einen Tag bleiben sollte, wäre das alles nicht hier"
"Si estuviera destinado a quedarme un día, todo esto no estaría aquí"
diese Überlegung gab ihr neuen Mut
Esta consideración le inspiró un nuevo coraje
und sie nahm ein Buch aus ihrer neuen Bibliothek
Y sacó un libro de su nueva biblioteca
und sie las diese Worte in goldenen Buchstaben:
Y leyó estas palabras en letras de oro:
„Begrüße Schönheit, vertreibe die Angst"
"Bienvenida Belleza, destierra el miedo"
„Du bist hier Königin und Herrin"
"Eres reina y señora aquí"
„Sprich deine Wünsche aus, sprich deinen Willen aus"
"Di tus deseos, di tu voluntad"
„Schneller Gehorsam begegnet hier Ihren Wünschen"
"La obediencia rápida satisface tus deseos aquí"
"Ach", sagte sie mit einem Seufzer
-¡Ay! -dijo ella con un suspiro-
„Am meisten wünsche ich mir, meinen armen Vater zu sehen"
"Sobre todo, deseo ver a mi pobre padre"
„und ich würde gerne wissen, was er tut"
"Y me gustaría saber qué está haciendo"
Kaum hatte sie das gesagt, bemerkte sie den Spiegel

Tan pronto como hubo dicho esto, se fijó en el espejo
zu ihrem großen Erstaunen sah sie ihr eigenes Zuhause im Spiegel
Para su gran asombro, vio su propia casa en el espejo
Ihr Vater kam emotional erschöpft an
Su padre llegó emocionalmente agotado
Ihre Schwestern gingen ihm entgegen
Sus hermanas fueron a su encuentro
trotz ihrer Versuche, traurig zu wirken, war ihre Freude sichtbar
A pesar de sus intentos de parecer tristes, su alegría era visible
einen Moment später war alles verschwunden
Un momento después todo desapareció
und auch die Befürchtungen der Schönheit verschwanden
y las aprensiones de la Bella también desaparecieron
denn sie wusste, dass sie dem Tier vertrauen konnte
porque sabía que podía confiar en la Bestia
Mittags fand sie das Abendessen fertig
Al mediodía encontró la cena lista
sie setzte sich an den Tisch
Se sentó a la mesa
und sie wurde mit einem Musikkonzert unterhalten
Y se entretuvo con un concierto de música
obwohl sie niemanden sehen konnte
aunque no podía ver a nadie
abends setzte sie sich wieder zum Abendessen
Por la noche volvía a sentarse a cenar
diesmal hörte sie das Geräusch, das das Tier machte
esta vez escuchó el ruido que hacía la Bestia
und sie konnte nicht anders, als Angst zu haben
Y no pudo evitar aterrorizarse
"Schönheit", sagte das Monster
—Belleza —dijo el monstruo—
"erlaubst du mir, mit dir zu essen?"
—¿Me permites comer contigo?
"Mach, was du willst", antwortete die Schönheit zitternd

-Haz lo que quieras -respondió la Bella temblando-
„Nein", antwortete das Tier
—No —respondió la Bestia—
„Du allein bist hier die Herrin"
"Solo tú eres la señora aquí"
„Sie können mich wegschicken, wenn ich Ärger mache"
"Puedes despedirme si soy problemático"
„schick mich fort, und ich werde mich sofort zurückziehen"
"Mándame y me retiraré inmediatamente"
„Aber sagen Sie mir: Finden Sie mich nicht sehr hässlich?"
"Pero, dime; ¿No crees que soy muy feo?
„Das stimmt", sagte die Schönheit
—Es verdad —dijo Bella—
„Ich kann nicht lügen"
"No puedo decir una mentira"
„aber ich glaube, Sie sind sehr gutmütig"
"pero creo que eres muy bondadoso"
„Das bin ich tatsächlich", sagte das Monster
—Lo soy, en verdad —dijo el monstruo—
„Aber abgesehen von meiner Hässlichkeit habe ich auch keinen Verstand"
"Pero aparte de mi fealdad, tampoco tengo sentido"
„Ich weiß sehr wohl, dass ich ein dummes Wesen bin"
"Sé muy bien que soy una criatura tonta"
„Es ist kein Zeichen von Torheit, so zu denken", antwortete die Schönheit
-No es signo de locura pensar así -replicó Bella-
„Dann iss, Schönheit", sagte das Monster
-Come, pues, Bella -dijo el monstruo-
„Versuchen Sie, sich in Ihrem Palast zu amüsieren"
"Trata de divertirte en tu palacio"
"alles hier gehört dir"
"Todo aquí es tuyo"
„Und ich wäre sehr unruhig, wenn Sie nicht glücklich wären"
"Y me sentiría muy inquieto si no fueras feliz"

„Sie sind sehr zuvorkommend", antwortete die Schönheit
—Eres muy amable —respondió Bella—
„Ich gebe zu, ich freue mich über Ihre Freundlichkeit"
"Admito que estoy complacido con su amabilidad"
„Und wenn ich über deine Freundlichkeit nachdenke, fallen mir deine Missbildungen kaum auf"
"y cuando considero tu bondad, apenas noto tus deformidades"
„Ja, ja", sagte das Tier, „mein Herz ist gut
—Sí, sí —dijo la Bestia—, mi corazón es bueno
„Aber obwohl ich gut bin, bin ich immer noch ein Monster"
"pero aunque soy bueno, sigo siendo un monstruo"
„Es gibt viele Männer, die diesen Namen mehr verdienen als Sie."
"Hay muchos hombres que merecen ese nombre más que tú"
„und ich bevorzuge dich, so wie du bist"
"y te prefiero tal y como eres"
„und ich ziehe dich denen vor, die ein undankbares Herz verbergen"
"y te prefiero más a ti que a los que esconden un corazón ingrato"
"Wenn ich nur etwas Verstand hätte", antwortete das Biest
-¡Si tuviera un poco de sentido común! -replicó la Bestia-
„Wenn ich vernünftig wäre, würde ich Ihnen als Dank ein schönes Kompliment machen"
"si tuviera sentido común, haría un buen cumplido para agradecerte"
"aber ich bin so langweilig"
"pero soy tan torpe"
„Ich kann nur sagen, dass ich Ihnen zu großem Dank verpflichtet bin"
"Solo puedo decir que le estoy muy agradecido"
Schönheit aß ein herzhaftes Abendessen
La belleza comió una cena abundante
und sie hatte ihre Angst vor dem Monster fast überwunden
Y casi había vencido su miedo al monstruo

aber sie wollte ohnmächtig werden, als das Biest ihr die nächste Frage stellte
pero quiso desmayarse cuando la Bestia le hizo la siguiente pregunta
"Schönheit, willst du meine Frau werden?"
"Belleza, ¿quieres ser mi esposa?"
es dauerte eine Weile, bis sie antworten konnte
Tardó un poco en poder responder
weil sie Angst hatte, ihn wütend zu machen
porque tenía miedo de hacerlo enojar
Schließlich sagte sie jedoch "nein, Biest"
al fin, sin embargo, ella dijo "no, Bestia"
sofort zischte das arme Monster ganz fürchterlich
Inmediatamente el pobre monstruo siseó muy espantosamente
und der ganze Palast hallte
Y todo el palacio resonó
aber die Schönheit erholte sich bald von ihrem Schrecken
pero la Bella pronto se recobró de su susto
denn das Tier sprach wieder mit trauriger Stimme
porque Bestia volvió a hablar con voz lúgubre
„Dann leb wohl, Schönheit"
"entonces adiós, Bella"
und er drehte sich nur ab und zu um
y solo volvía de vez en cuando
um sie anzusehen, als er hinausging
mirarla mientras salía
jetzt war die Schönheit wieder allein
ahora la Bella estaba sola otra vez
Sie empfand großes Mitgefühl
Sintió una gran compasión
„Ach, es ist tausendmal schade"
"Ay, son mil lástimas"
„Etwas, das so gutmütig ist, sollte nicht so hässlich sein"
"Algo tan bondadoso no debería ser tan feo"
Schönheit verbrachte drei Monate sehr zufrieden im Palast
La Bella pasó tres meses muy contenta en el palacio

jeden Abend stattete ihr das Biest einen Besuch ab
todas las tardes la Bestia le hacía una visita
und sie redeten beim Abendessen
y hablaron durante la cena
Sie sprachen mit gesundem Menschenverstand
Hablaban con sentido común
aber sie sprachen nicht mit dem, was man als geistreich bezeichnet
Pero no hablaron con lo que la gente llama ingenio
Schönheit entdeckte immer einen wertvollen Charakter im Biest
La Bella siempre descubría algún personaje valioso en la Bestia
und sie hatte sich an seine Missbildung gewöhnt
Y ella se había acostumbrado a su deformidad
sie fürchtete sich nicht mehr vor seinem Besuch
Ya no temía el momento de su visita
jetzt schaute sie oft auf die Uhr
Ahora miraba a menudo su reloj
und sie konnte es kaum erwarten, bis es neun Uhr war
Y no podía esperar a que fueran las nueve
denn das Tier kam immer zu dieser Stunde
porque la Bestia nunca dejaba de venir a aquella hora
Es gab nur eine Sache, die Schönheit betraf
sólo había una cosa que concernía a la Belleza
jeden Abend, bevor sie ins Bett ging, stellte ihr das Biest die gleiche Frage
todas las noches, antes de acostarse, la Bestia le hacía la misma pregunta
Das Monster fragte sie, ob sie seine Frau werden wolle
El monstruo le preguntó si sería su esposa
Eines Tages sagte sie zu ihm: „Biest, du machst mir große Sorgen."
un día ella le dijo: "Bestia, me haces sentir muy inquieta"
„Ich wünschte, ich könnte einwilligen, dich zu heiraten"
"Ojalá pudiera consentir en casarme contigo"

„**Aber ich bin zu aufrichtig, um dir zu glauben zu machen, dass ich dich heiraten würde**"
"pero soy demasiado sincero para hacerte creer que me casaría contigo"
„**Unsere Ehe wird nie stattfinden**"
"Nuestro matrimonio nunca sucederá"
„**Ich werde dich immer als Freund sehen**"
"Siempre te veré como un amigo"
„**Bitte versuchen Sie, damit zufrieden zu sein**"
"Por favor, trate de estar satisfecho con esto"
„**Damit muss ich zufrieden sein**", sagte das Tier
—Debo estar satisfecho con esto —dijo la Bestia—
„**Ich kenne mein eigenes Unglück**"
"Conozco mi propia desgracia"
„**aber ich liebe dich mit der zärtlichsten Zuneigung**"
"pero te amo con el más tierno afecto"
„**Ich sollte mich jedoch als glücklich betrachten**"
"Sin embargo, debería considerarme feliz"
"**und ich würde mich freuen, wenn du hier bleibst**"
"Y debería estar feliz de que te quedes aquí"
„**versprich mir, mich nie zu verlassen**"
"Prométeme que nunca me dejarás"
Schönheit errötete bei diesen Worten
La belleza se sonrojó al oír estas palabras
Eines Tages schaute die Schönheit in ihren Spiegel
un día la Bella se miraba en el espejo
ihr Vater hatte sich schreckliche Sorgen um sie gemacht
Su padre se había preocupado mucho por ella
sie sehnte sich mehr denn je danach, ihn wiederzusehen
Deseaba volver a verlo más que nunca
„**Ich könnte versprechen, dich nie ganz zu verlassen**"
"Podría prometer que nunca te dejaré del todo"
„**aber ich habe so ein großes Verlangen, meinen Vater zu sehen**"
"pero tengo un deseo tan grande de ver a mi padre"
„**Ich wäre unendlich verärgert, wenn Sie nein sagen**

würden"
"Me enfadaría muchísimo si me dijeras que no"
"Ich würde lieber selbst sterben", sagte das Monster
—Preferiría morir yo mismo —dijo el monstruo—
„Ich würde lieber sterben, als dir Unbehagen zu bereiten"
"Preferiría morir antes que hacerte sentir desasosiego"
„Ich werde dich zu deinem Vater schicken"
"Te enviaré a tu padre"
„Du sollst bei ihm bleiben"
"Permanecerás con él"
"und dieses unglückliche Tier wird stattdessen vor Kummer sterben"
"y esta desdichada Bestia morirá de dolor"
"Nein", sagte die Schönheit weinend
-No -dijo la Bella, llorando-
„Ich liebe dich zu sehr, um die Ursache deines Todes zu sein"
"Te quiero demasiado para ser la causa de tu muerte"
„Ich verspreche Ihnen, in einer Woche wiederzukommen"
"Te prometo volver en una semana"
„Du hast mir gezeigt, dass meine Schwestern verheiratet sind"
"Me has demostrado que mis hermanas están casadas"
„und meine Brüder sind zur Armee gegangen"
"Y mis hermanos se han ido al ejército"
"Lass mich eine Woche bei meinem Vater bleiben, da er allein ist"
"Déjame quedarme una semana con mi padre, ya que está solo"
"Morgen früh wirst du dort sein", sagte das Tier
—Estarás allí mañana por la mañana —dijo la Bestia—
„Aber denk an dein Versprechen"
"Pero acuérdate de tu promesa"
„Sie brauchen Ihren Ring nur auf den Tisch zu legen, bevor Sie zu Bett gehen."
"Solo tienes que poner tu anillo sobre una mesa antes de irte a

la cama"
"Und dann werdet ihr vor dem Morgen zurückgebracht"
"Y entonces seréis traídos de vuelta antes de la mañana"
„Lebe wohl, liebe Schönheit", seufzte das Tier
—Adiós, querida Bella —suspiró la Bestia—
Die Schönheit ging an diesem Abend sehr traurig ins Bett
La belleza se fue a la cama muy triste esa noche
weil sie das Tier nicht so besorgt sehen wollte
porque no quería ver a Bestia tan preocupada
am nächsten Morgen fand sie sich im Haus ihres Vaters wieder
A la mañana siguiente se encontró en casa de su padre
sie läutete eine kleine Glocke neben ihrem Bett
Hizo sonar una campanita junto a su cama
und das Dienstmädchen stieß einen lauten Schrei aus
Y la criada dio un fuerte grito
und ihr Vater rannte nach oben
Y su padre corrió escaleras arriba
er dachte, er würde vor Freude sterben
Pensó que iba a morir de alegría
er hielt sie eine Viertelstunde lang in seinen Armen
La tuvo en sus brazos durante un cuarto de hora
irgendwann waren die ersten Grüße vorbei
Finalmente terminaron los primeros saludos
Schönheit begann daran zu denken, aus dem Bett zu steigen
La bella empezó a pensar en levantarse de la cama
aber sie merkte, dass sie keine Kleidung mitgebracht hatte
Pero se dio cuenta de que no había traído ropa
aber das Dienstmädchen sagte ihr, sie habe eine Kiste gefunden
Pero la criada le dijo que había encontrado una caja
der große Koffer war voller Kleider und Kleider
El gran baúl estaba lleno de vestidos y vestidos
jedes Kleid war mit Gold und Diamanten bedeckt
Cada túnica estaba cubierta de oro y diamantes
Schönheit dankte dem Tier für seine freundliche Pflege

La Bella agradeció a Bestia por su amable cuidado
und sie nahm eines der schlichtesten Kleider
Y tomó uno de los vestidos más sencillos
Die anderen Kleider wollte sie ihren Schwestern schenken
Tenía la intención de regalar los otros vestidos a sus hermanas
aber bei diesem Gedanken verschwand die Kleidertruhe
pero al pensar en eso, el cofre de la ropa desapareció
Das Biest hatte darauf bestanden, dass die Kleidung nur für sie sei
Bestia había insistido en que la ropa era solo para ella
ihr Vater sagte ihr, dass dies der Fall sei
Su padre le dijo que ese era el caso
und sofort kam die Kleidertruhe wieder zurück
Y al instante el baúl de la ropa volvió de nuevo
Schönheit kleidete sich mit ihren neuen Kleidern
La belleza se vistió con sus ropas nuevas
und in der Zwischenzeit gingen die Mägde los, um ihre Schwestern zu finden
Y mientras tanto, las criadas fueron a buscar a sus hermanas
Ihre beiden Schwestern waren mit ihren Ehemännern
Su hermana estaba con sus maridos
aber ihre beiden Schwestern waren sehr unglücklich
Pero sus dos hermanas estaban muy descontentas
Ihre älteste Schwester hatte einen sehr gutaussehenden Herrn geheiratet
Su hermana mayor se había casado con un caballero muy guapo
aber er war so selbstgefällig, dass er seine Frau vernachlässigte
Pero se quería tanto a sí mismo que descuidó a su esposa
Ihre zweite Schwester hatte einen geistreichen Mann geheiratet
Su segunda hermana se había casado con un hombre ingenioso
aber er nutzte seinen Witz, um die Leute zu quälen
Pero usaba su ingenio para atormentar a la gente

und am meisten quälte er seine Frau
Y atormentaba a su esposa sobre todo
Die Schwestern der Schönheit sahen sie wie eine Prinzessin gekleidet
Las hermanas de Bella la vieron vestida como una princesa
und sie waren krank vor Neid
y se enfermaron de envidia
jetzt war sie schöner als je zuvor
Ahora estaba más bella que nunca
ihr liebevolles Verhalten konnte ihre Eifersucht nicht unterdrücken
Su comportamiento afectuoso no podía sofocar sus celos
Sie erzählte ihnen, wie glücklich sie mit dem Tier war
les dijo lo feliz que estaba con la Bestia
und ihre Eifersucht war kurz vor dem Platzen
y sus celos estaban a punto de estallar
Sie gingen in den Garten, um über ihr Unglück zu weinen
Bajaron al jardín a llorar su desgracia
„Inwiefern ist dieses kleine Geschöpf besser als wir?"
—¿En qué sentido es esta pequeña criatura mejor que nosotros?
„Warum sollte sie so viel glücklicher sein?"
—¿Por qué debería ser mucho más feliz?
„Schwester", sagte die ältere Schwester
—Hermana —dijo la hermana mayor—
„Mir ist gerade ein Gedanke gekommen"
"Un pensamiento acaba de golpear mi mente"
„Versuchen wir, sie länger als eine Woche hier zu behalten"
"Tratemos de retenerla aquí por más de una semana"
„Vielleicht macht das das dumme Monster wütend"
"Quizás esto enfurezca al monstruo tonto"
„weil sie ihr Wort gebrochen hätte"
"Porque habría faltado a su palabra"
"und dann könnte er sie verschlingen"
"Y entonces podría devorarla"
"Das ist eine tolle Idee", antwortete die andere Schwester

—Es una gran idea —respondió la otra hermana—
„Wir müssen ihr so viel Freundlichkeit wie möglich entgegenbringen"
"Debemos mostrarle tanta bondad como sea posible"
Die Schwestern fassten den Entschluss
Las hermanas hicieron de esto su resolución
und sie verhielten sich sehr liebevoll gegenüber ihrer Schwester
Y se portaron muy cariñosamente con su hermana
Die arme Schönheit weinte vor Freude über all ihre Freundlichkeit
la pobre Bella lloraba de alegría por toda su bondad
Als die Woche um war, weinten sie und rauften sich die Haare
Cuando se cumplió la semana, lloraron y se arrancaron los cabellos
es schien ihnen so leid zu tun, sich von ihr zu trennen
Parecían tan arrepentidos de separarse de ella
und die Schönheit versprach, noch eine Woche länger zu bleiben
y la Bella prometió quedarse una semana más
In der Zwischenzeit konnte die Schönheit nicht umhin, über sich selbst nachzudenken
Mientras tanto, Bella no pudo evitar reflexionar sobre sí misma
sie machte sich Sorgen darüber, was sie dem armen Tier antat
le preocupaba lo que le estaba haciendo a la pobre Bestia
Sie wusste, dass sie ihn aufrichtig liebte
Ella sabía que lo amaba sinceramente
und sie sehnte sich wirklich danach, ihn wiederzusehen
Y tenía muchas ganas de volver a verlo
Auch die zehnte Nacht verbrachte sie bei ihrem Vater
La décima noche que pasó también en casa de su padre
sie träumte, sie sei im Schlossgarten
Soñó que estaba en el jardín del palacio

und sie träumte, sie sähe das Tier ausgestreckt im Gras liegen
y soñó que veía a la Bestia extendida sobre la hierba
er schien ihr mit sterbender Stimme Vorwürfe zu machen
Pareció reprocharle con voz moribunda
und er warf ihr Undankbarkeit vor
y la acusó de ingratitud
Schönheit erwachte aus ihrem Schlaf
La belleza despertó de su sueño
und sie brach in Tränen aus
Y rompió a llorar
„Bin ich nicht sehr böse?"
—¿No soy yo muy malvado?
„War es nicht grausam von mir, so unfreundlich gegenüber dem Tier zu sein?"
—¿No fue cruel de mi parte comportarme tan mal con la Bestia?
„Das Biest hat alles getan, um mir zu gefallen"
"Bestia hizo todo lo posible para complacerme"
"Ist es seine Schuld, dass er so hässlich ist?"
"¿Es su culpa que sea tan feo?"
„Ist es seine Schuld, dass er so wenig Verstand hat?"
—¿Es culpa suya que tenga tan poco ingenio?
„Er ist freundlich und gut, und das genügt"
"Es amable y bueno, y eso es suficiente"
„Warum habe ich mich geweigert, ihn zu heiraten?"
—¿Por qué me negué a casarme con él?
„Ich sollte mit dem Monster glücklich sein"
"Debería estar contento con el monstruo"
„Schau dir die Männer meiner Schwestern an"
"Mira a los maridos de mis hermanas"
„Weder Witz noch Schönheit machen sie gut"
"Ni el ingenio, ni el ser guapo los hace buenos"
„Keiner ihrer Ehemänner macht sie glücklich"
"Ninguno de sus maridos las hace felices"
„sondern Tugend, Sanftmut und Geduld"

"sino la virtud, la dulzura de temperamento y la paciencia"
„Diese Dinge machen eine Frau glücklich"
"Estas cosas hacen feliz a una mujer"
„und das Tier hat all diese wertvollen Eigenschaften"
"y la Bestia tiene todas estas valiosas cualidades"
„es ist wahr, ich empfinde keine Zärtlichkeit und Zuneigung für ihn"
"Es verdad; No siento la ternura del afecto por él"
„aber ich empfinde für ihn die allergrößte Dankbarkeit"
"pero me doy cuenta de que le tengo la mayor gratitud"
„und ich habe die höchste Wertschätzung für ihn"
"y le tengo la más alta estima"
"und er ist mein bester Freund"
"Y es mi mejor amigo"
„Ich werde ihn nicht unglücklich machen"
"No lo haré miserable"
„Wenn ich so undankbar wäre, würde ich mir das nie verzeihen"
"Si fuera tan ingrato, nunca me lo perdonaría"
Schönheit legte ihren Ring auf den Tisch
La belleza puso su anillo sobre la mesa
und sie ging wieder zu Bett
Y se fue a la cama otra vez
kaum war sie im Bett, da schlief sie ein
Apenas estaba en la cama cuando se durmió
Sie wachte am nächsten Morgen wieder auf
Se despertó de nuevo a la mañana siguiente
und sie war überglücklich, sich im Palast des Tieres wiederzufinden
y se llenó de alegría al encontrarse en el palacio de la Bestia
Sie zog eines ihrer schönsten Kleider an, um ihm zu gefallen
Ella se puso uno de sus vestidos más bonitos para complacerlo
und sie wartete geduldig auf den Abend
Y esperó pacientemente la noche
kam die ersehnte Stunde
Por fin llegó la hora deseada

die Uhr schlug neun, doch kein Tier erschien
el reloj dio las nueve, pero no apareció ninguna Bestia
Schönheit befürchtete dann, sie sei die Ursache seines Todes gewesen
Bella temió entonces haber sido la causa de su muerte
Sie rannte weinend durch den ganzen Palast
Corrió llorando por todo el palacio
nachdem sie ihn überall gesucht hatte, erinnerte sie sich an ihren Traum
Después de haberlo buscado por todas partes, recordó su sueño
und sie rannte zum Kanal im Garten
Y corrió al canal en el jardín
Dort fand sie das arme Tier ausgestreckt
allí encontró a la pobre Bestia tendida
und sie war sicher, dass sie ihn getötet hatte
Y estaba segura de que lo había matado
sie warf sich ohne Furcht auf ihn
Ella se arrojó sobre él sin ningún temor
sein Herz schlug noch
Su corazón seguía latiendo
sie holte etwas Wasser aus dem Kanal
Sacó agua del canal
und sie goss das Wasser über seinen Kopf
Y ella derramó el agua sobre su cabeza
Das Tier öffnete seine Augen und sprach mit der Schönheit
la Bestia abrió los ojos y le habló a la Bella
„Du hast dein Versprechen vergessen"
"Olvidaste tu promesa"
„Es hat mir das Herz gebrochen, dich verloren zu haben"
"Estaba tan desconsolada por haberte perdido"
„Ich beschloss, zu hungern"
"Resolví morirme de hambre"
„aber ich habe das Glück, Sie wiederzusehen"
"pero tengo la dicha de volver a verte"
„so habe ich das Vergnügen, zufrieden zu sterben"

"así que tengo el placer de morir satisfecho"
„Nein, liebes Tier", sagte die Schönheit, „du darfst nicht sterben"
—No, querida Bestia —dijo la Bella—, no debes morir.
„Lebe, um mein Ehemann zu sein"
"Vive para ser mi esposo"
„Von diesem Augenblick an reiche ich dir meine Hand"
"desde este momento te doy mi mano"
„und ich schwöre, niemand anderes als Dein zu sein"
"y juro que no soy más que tuyo"
„Ach! Ich dachte, ich hätte nur Freundschaft für dich."
"¡Ay! Pensé que solo tenía una amistad para ti"
"aber der Kummer, den ich jetzt fühle, überzeugt mich;"
"pero el dolor que ahora siento me convence";
„Ich kann nicht ohne dich leben"
"No puedo vivir sin ti"
Schönheit hatte diese Worte kaum gesagt, als sie ein Licht sah
La belleza apenas había dicho estas palabras cuando vio una luz
der Palast funkelte im Licht
El palacio brillaba con luz
Feuerwerk erleuchtete den Himmel
Los fuegos artificiales iluminaron el cielo
und die Luft erfüllt mit Musik
y el aire lleno de música
alles kündigte ein großes Ereignis an
todo daba aviso de algún gran acontecimiento
aber nichts konnte ihre Aufmerksamkeit fesseln
pero nada podía retener su atención
sie wandte sich ihrem lieben Tier zu
se volvió hacia su querida Bestia
das Tier, vor dem sie vor Angst zitterte
la Bestia por la que temblaba de miedo
aber ihre Überraschung über das, was sie sah, war groß!
¡Pero su sorpresa fue grande por lo que vio!

das Tier war verschwunden
la Bestia había desaparecido
stattdessen sah sie den schönsten Prinzen
En cambio, vio al príncipe más encantador
sie hatte den Zauber beendet
Había puesto fin al hechizo
ein Zauber, unter dem er einem Tier ähnelte
un hechizo bajo el cual se asemejaba a una Bestia
dieser Prinz war all ihre Aufmerksamkeit wert
Este príncipe era digno de toda su atención
aber sie konnte nicht anders und musste fragen, wo das Biest war
pero no pudo evitar preguntar dónde estaba la Bestia
„Du siehst ihn zu deinen Füßen", sagte der Prinz
—Lo ves a tus pies —dijo el príncipe—
„Eine böse Fee hatte mich verdammt"
"Un hada malvada me había condenado"
„Ich sollte diese Gestalt behalten, bis eine wunderschöne Prinzessin einwilligte, mich zu heiraten."
"Iba a permanecer en esa forma hasta que una hermosa princesa accediera a casarse conmigo"
„Die Fee hat mein Verständnis verborgen"
"El hada ocultó mi entendimiento"
„Du warst der Einzige, der großzügig genug war, um von meiner guten Laune bezaubert zu sein."
"Fuiste el único lo suficientemente generoso como para dejarte seducir por la bondad de mi temperamento"
Schönheit war angenehm überrascht
La bella quedó felizmente sorprendida
und sie gab dem bezaubernden Prinzen ihre Hand
Y le dio la mano al príncipe azul
Sie gingen zusammen ins Schloss
Entraron juntos en el castillo
und die Schöne war überglücklich, ihren Vater im Schloss zu finden
y la Bella se llenó de alegría al encontrar a su padre en el

castillo
und ihre ganze Familie war auch da
Y toda su familia también estaba allí
sogar die schöne Dame, die in ihrem Traum erschienen war, war da
Incluso la hermosa dama que apareció en su sueño estaba allí
"Schönheit", sagte die Dame aus dem Traum
-¡Belleza! -dijo la dama del sueño-
„Komm und empfange deine Belohnung"
"Ven y recibe tu recompensa"
„Sie haben die Tugend dem Witz oder dem Aussehen vorgezogen"
"has preferido la virtud sobre el ingenio o la apariencia"
„und Sie verdienen jemanden, in dem diese Eigenschaften vereint sind"
"Y te mereces a alguien en quien se unan estas cualidades"
„Du wirst eine großartige Königin sein"
"Vas a ser una gran reina"
„Ich hoffe, der Thron wird deine Tugend nicht schmälern"
"Espero que el trono no disminuya tu virtud"
Dann wandte sich die Fee an die beiden Schwestern
Entonces el hada se volvió hacia las dos hermanas
„Ich habe in eure Herzen geblickt"
"He visto dentro de vuestros corazones"
„und ich kenne die ganze Bosheit, die in euren Herzen steckt"
"Y conozco toda la malicia que contienen vuestros corazones"
„Ihr beide werdet zu Statuen"
"Ustedes dos se convertirán en estatuas"
„Aber ihr werdet euren Verstand bewahren"
"Pero ustedes mantendrán sus mentes"
„Du sollst vor den Toren des Palastes deiner Schwester stehen"
"Estarás a las puertas del palacio de tu hermana"
„Das Glück deiner Schwester soll deine Strafe sein"
"La felicidad de tu hermana será tu castigo"

„Sie werden nicht in Ihren früheren Zustand zurückkehren können"
"No podrán volver a sus antiguos estados"
„es sei denn, Sie beide geben Ihre Fehler zu"
"A menos que ambos admitan sus faltas"
„Aber ich sehe voraus, dass ihr immer Statuen bleiben werdet"
"pero estoy previsto que siempre seréis estatuas"
„Stolz, Zorn, Völlerei und Faulheit werden manchmal besiegt"
"A veces se conquista el orgullo, la ira, la gula y la ociosidad"
„aber die Bekehrung neidischer und böswilliger Gemüter sind Wunder"
"Pero la conversión de las mentes envidiosas y maliciosas son milagros"
sofort strich die Fee mit ihrem Zauberstab
Inmediatamente el hada dio un golpe con su varita
und im nächsten Augenblick waren alle im Saal entrückt
y en un momento todos los que estaban en la sala fueron transportados
Sie waren in die Herrschaftsgebiete des Fürsten eingedrungen
Habían entrado en los dominios del príncipe
die Untertanen des Prinzen empfingen ihn mit Freude
Los súbditos del príncipe lo recibieron con alegría
der Priester heiratete die Schöne und das Biest
el sacerdote se casó con La Bella y la Bestia
und er lebte viele Jahre mit ihr
y vivió con ella muchos años
und ihr Glück war vollkommen
y su felicidad fue completa
weil ihr Glück auf Tugend beruhte
porque su felicidad se basaba en la virtud

Das Ende
Fin
www.tranzlaty.com

www.ingramcontent.com/pod-product-compliance
Lightning Source LLC
Chambersburg PA
CBHW011553070526
44585CB00023B/2574